Jesus führt mich

Jesus führt mich

Texte von V. Gilbert Beers
Illustrationen von Robert Boehmer

VERLAG HERMANN SCHULTE WETZLAR

Die amerikanische Originalausgabe erschien unter dem Titel
„Jesus is My Guide" im Verlag Zondervan, Grand Rapids, USA
© 1973 by V. Gilbert Beers
© der deutschen Ausgabe 1973 beim
Verlag Hermann Schulte Wetzlar
Aus dem Amerikanischen von Erna Schulte

HSW 18905
ISBN 3-87739-905-3
1. Auflage 1974
Satz: Lichtsatz Wallier, Hannover
Druck: Druckhaus K. H. Benatzky, Hannover
Gebunden in der Buchbinderei W. Heese, Hannover
Printed in Germany

Inhalt

Ein Wort an Eltern und Lehrer

Frohe Zeit im Hause Gottes

Mose baut für Gott ein Haus
2. Mose 35,4–40,38

Ein König freut sich über das Haus Gottes
1. Könige 5–8

Jesus kommt zum Haus Gottes
Lukas 2,41–51

Gehorchen lernen

Noah gehorcht und baut ein Schiff
1. Mose 6,5–7,24

Naeman gehorcht und wird gesund

                        2. Könige 5,1-19

Jona lernt gehorchen

                        Jona 1-4

Frohe Lieder für Gott

Gottes Volk singt frohe Lieder

                        2. Mose 14,9-15,21

David singt vor seinen Schafen
und vor seinem König

                        1. Samuel 16,11.15-23; Psalm 23

Jesus singt mit seinen Freunden

                        Matthäus 26,20-30; Markus 14,17-26

Paulus singt frohe Lieder im Gefängnis

                        Apostelgeschichte 16,19-34

Danken lernen

Jesus danken

                                        Lukas 17,11–19

Aus Dankbarkeit dienen

                                        Apostelgeschichte 9,32–35

Was diese Geschichten lehren wollen

Einführung

Dies ist ein weiterer Band in der neuen Reihe von Bilderbüchern für Kinder. Mit ihm wagen wir einen Vorstoß in bisher unerforschtes Gebiet, indem wir eine freie Übertragung biblischer Geschichten für das erste Lesealter anbieten.

Die biblischen Wahrheiten mit einfachen Worten zu erklären, ist manchmal eine recht schwierige Aufgabe – zumal wenn, wie in diesem Fall, nur ein begrenzter Wortschatz verwendet werden kann.

Es ist von größter Bedeutung, daß Eltern und Lehrer den erwachenden Geist des Kindes zu einer Beschäftigung mit diesen biblischen Geschichten und den darin enthaltenen Wahrheiten führen.

Die Zahl der Kinder und Jugendlichen ist erschreckend groß, die heute nur eine verschwommene Vorstellung vom Worte Gottes hat. Von einer Umsetzung der biblischen Wahrheiten in den Alltag wissen viele Kinder überhaupt nichts.

Sie sollten diesen Band nicht dem lesehungrigen Kind in die Hand geben und es dann sich selbst überlassen, sondern das Kind ermutigen, die Geschichten Vater oder Mutter vorzulesen, damit Eltern und Kind die biblische Geschichte und die praktische Anwendung miteinander besprechen können. Wenn Sie dem Kind helfen, die Geschichten nicht nur zu lesen, sondern auch zum Nachdenken darüber anzuregen, wird dieses Buch seinen vollen Wert bekommen. Eine Hilfe dazu sind die Fragen und Aufgabenstellungen am Schluß jeder Geschichte.

Heute werden den Kindern in der Schule vielerlei Fibeln und Lesebücher vorgelegt, aber nichts, was ihnen helfen könnte, die Bibel kennenzulernen. Dieses Buch wurde geschrieben, um dem erschreckenden Mangel an biblischem Lesestoff für das erste Lesealter abzuhelfen.

Die Bände dieser Bilderbuch-Serie dürfen in Sonntagsschulen, Kindergärten und Kinderstunden ausgezeichnet Verwendung finden. Eltern werden feststellen, daß die Familienandacht belebt wird, weil das Kind sich durch das Lesen der biblischen Geschichten selbst aktiv beteiligen kann. Dadurch wird das Kind auch Freude daran finden, allein in der Bibel zu lesen.

Es ist unser Anliegen, daß dieses Buch Ihrem Kind helfen möchte, Freude an der Bibel zu bekommen, sie allmählich „ganz allein" zu lesen und dabei Jesus, dem Sohn des lebendigen Gottes, zu begegnen.

Der Herausgeber

**Frohe
Zeit
im
Hause
Gottes**

Mose baut
für Gott ein Haus

„Was wollt ihr Gott schenken?" fragte Mose das Volk. „Was wollt ihr geben, damit wir ihm ein Haus bauen können?"

Gott hatte Mose den Auftrag gegeben, ihm ein Haus

Die Leute gaben ihre schönsten Sachen, um Gottes Haus schön zu machen.

zu bauen. Dieses Haus bestand aus einem großen Zelt. Das Volk würde es überall mit hinnehmen, wo es hinzog.

„Ich werde Gott Gold schenken", sagte ein Mann.

„Ich will Silber schenken", sagte ein anderer.

Einige Leute schenkten schönes Holz. Andere gaben schöne Stoffe. Das ganze Volk gab vom Schönsten, was es besaß. Gottes Haus sollte sehr schön werden.

„Wir helfen dir bei der Arbeit", sagten einige Männer.

„Wir helfen dir auch", sagten andere.

Einige Leute bearbeiteten den Stoff, andere verarbeiteten das Gold oder Silber oder Holz. Sogar die Kinder arbeiteten. Sie wollten auch helfen, Gottes Haus zu bauen.

Jeden Tag brachten die Menschen neue Dinge für das Haus Gottes. Jeden Tag arbeiteten sie zusammen daran.

Alle waren sehr glücklich. Sie wußten, Gott wollte, daß sie diese Arbeit taten.

Eines Tages war alles fertig. Die Leute hatten alles gemacht, was sie für das Haus Gottes brauchten.

„Nun wollen wir es zusammen aufrichten", sprach Mose. Und das Volk half Mose, das Zelt aufzurichten.

Jedem gefiel Gottes schönes Haus.

Als das Haus Gottes fertig war, kam jeder, um es anzuschauen. Das schöne Haus Gottes gefiel allen.

Welche Jungen und Mädchen helfen, das Haus Gottes schön zu machen?

Dann näherte sich eine Wolke den Menschen. Sie blieb über dem Zelt stehen.

„Gott ist in der Wolke", riefen die Leute. „Gott ist gekommen, um in seinem Haus zu wohnen. Gott gefällt das Haus, das wir für ihn gemacht haben."

Die Leute freuten sich, daß Gott sein Haus gefiel. Sie waren sehr glücklich darüber.

Fragen, über die du nachdenken solltest
1. Warum bauten Mose und sein Volk ein Zelt als Haus für Gott?
2. Wie bekam Mose all die herrlichen Dinge, um ein Zelt zu errichten? Gaben die Leute die Dinge mit fröhlichem Herzen?
3. Schenkst du Gott Dinge mit fröhlichem Herzen? Macht es dir Freude, das Haus Gottes schön zu machen?

Was du tun kannst
Das Volk Gottes gab Mose viele Dinge. Sie gaben das alles, um Gottes Haus zu schmücken. Schau dir das Bild an. Welche Jungen und Mädchen helfen, Gottes Haus schöner zu machen?

Ein König freut sich über das Haus Gottes

„Habt ihr gehört, was der König tut?" fragten einige Leute.

„Was macht denn der König?" fragten ihre Freunde.

„König Salomo baut ein wunderschönes Haus!" sagten die Leute. „Er baut es für Gott."

Männer brachten große Bäume für den Tempelbau.

Alle freuten sich, als sie das hörten. König Salomos Vater hatte Gott schon ein Haus bauen wollen, aber Gott hatte es nicht zugelassen. Gott wollte, daß König Salomo es baute. Dieses Haus sollte ‚Tempel' genannt werden.

„Wir müssen die besten Bäume für Gottes Haus

haben", sagte Salomo. Deshalb sprach er mit einem anderen König. Der andere König besaß viele Bäume.

„Wir geben dir dafür gute Sachen", sagte Salomo. „Willst du uns dafür die besten Bäume geben?"

„Ja", sagte der andere König. „Ich werde euch auch Leute schicken, die beim Bau des Hauses helfen können."

Salomo ließ einige Männer die Bäume fällen. Andere ließ er große Steine behauen. Aber diese Arbeit wurde nicht beim Tempel verrichtet. Alle Arbeit, die Lärm machte, wurde an einem anderen Ort ausgeführt. Salomo wollte nicht, daß seine Männer in der Nähe von Gottes Haus Lärm machten.

„Mein Vater schneidet Bretter", sagte vielleicht ein Junge.

„Mein Vater behaut Steine", sagte ein anderer. „Das ist besser, als Bretter schneiden."

Während sich die Kinder so unterhielten, arbei-

König Salomo und sein Volk waren über das Haus Gottes sehr glücklich.

teten ihre Väter an dem Tempel. Sie arbeiteten viele, viele Tage. Endlich war es geschafft.

König Salomo lud sein ganzes Volk ein, Gottes Haus anzuschauen. Er freute sich sehr, weil es so schön geworden war.

Als die Leute kamen, sangen sie fröhliche Lieder. „Gott ist gut", sangen sie.

Dann begann König Salomo, mit Gott zu sprechen. „Du bist unser Gott", sagte er. „Wir möchten, daß du immer hier in deinem Haus wohnst."

Plötzlich kam ein Feuer vom Himmel. Die Leute fielen auf die Knie, als sie das Feuer erblickten. „Gott ist hier", flüsterten einige.

Alle waren froh, daß Gott gekommen war, um in seinem Haus zu wohnen. Aber König Salomo war der glücklichste von allen.

Nicht alles, was diese Kinder tun, darf man in Gottes Haus tun. Was nicht?

Fragen, über die du nachdenken solltest

1. Was taten König Salomo und sein Volk im Haus Gottes? Warum taten sie das?

2. Was tust du im Haus Gottes? Warum tust du das?

Was du tun kannst

Schau das Bild an! Was machen diese Jungen und Mädchen? Wer tut etwas, das man im Haus Gottes tun sollte? Was machst du in Gottes Haus? Was wird dir helfen, dich in Gottes Haus zu freuen? Was wird anderen helfen, sich im Haus Gottes zu freuen?

Jesus kommt zum Haus Gottes

„Es ist Zeit zu gehen!" rief Josef.

Jesus half seiner Mutter Maria, auf den Esel zu steigen. Dann gingen Maria und Josef und Jesus nach Jerusalem.

Jesus war inzwischen ein großer Junge geworden. Deshalb ging er wie Josef zu Fuß. Maria ritt auf dem Esel.

Es war ein weiter Weg nach Jerusalem. Auf dem Weg dorthin trafen Maria, Josef und Jesus viele Men-

schen. Sie sprachen über die schönen Tage, die sie in Jerusalem verbringen würden. Sie unterhielten sich über die herrlichen Stunden, die sie im Tempel erleben würden.

Viele Menschen gingen dorthin, um zu Gott zu sprechen. Sie wollten dort Dinge tun, die Gott ihnen aufgetragen hatte.

Jesus ging gern in das Haus Gottes. Er sprach gern mit Gott und war mit Gottes Leuten zusammen.

Schließlich war es Zeit, wieder nach Hause zu gehen. Maria und Josef und ihre Freunde verließen die Stadt.

„Weißt du, wo Jesus ist?" fragte Maria Josef auf dem Heimweg.

„Nein", sagte Josef. „Ich dachte, er wäre bei unseren Freunden."

Maria und Josef fragten alle ihre Freunde, aber Jesus war nicht bei ihnen.

„Wir müssen nach Jerusalem zurückgehen", sagte Josef. „Wir müssen dort nach ihm suchen."

Maria und Josef gingen nach Jerusalem zurück. Sie suchten überall. Schließlich fiel ihnen der Tempel ein.

Jesus hat es so gut im Haus Gottes gefallen, dachten sie. Vielleicht finden wir ihn dort.

Als Maria und Josef in den Tempel kamen, sahen sie Jesus. Er sprach mit den Lehrern.

Maria und Josef waren überrascht, als sie Jesus im Gespräch mit den Lehrern sahen.

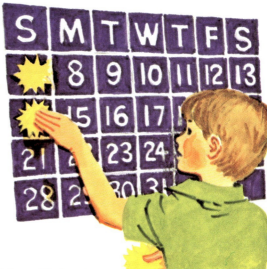

Hefte auf jeden Sonntag deines Kalenders eine gelbe Sonne.

„Wir haben dich gesucht", sagte Maria.

„Ich war hier", antwortete Jesus. „Ich habe das getan, was Gott von mir wollte."

Maria und Josef waren überrascht. Aber sie wußten, daß Jesus recht hatte. Jesus tat immer das, was Gott von ihm wollte, weil er Gottes Sohn war.

Fragen, über die du nachdenken solltest

1. Warum blieb Jesus so lange im Haus Gottes? Was tat er dort?

2. Freust du dich, wenn du ins Haus Gottes gehen kannst? Warum solltest du dich freuen?

Was du tun kannst

Schneide eine Sonne aus gelbem Papier aus. Sieh dir das Bild an, dann siehst du, wie du es machen mußt. Schreibe die Worte „Gott", „Bibel", „Freunde", „ich" auf die Sonne.

Warum solltest du dich freuen, zum Haus Gottes zu gehen? Um mit Gott zu sprechen und von ihm zu singen, um mehr aus der Bibel zu lernen, um mit Freunden zusammen zu sein, die auch Gott lieben. Damit „ich" mehr über Gott erfahre.

Hefte auf jeden Sonntag deines Kalenders eine gelbe Sonne. Dann wirst du immer wieder an die Worte auf deiner großen Sonne erinnert.

**Gehorchen
lernen**

Noah gehorcht und baut ein Schiff

„Noah ist ein sehr guter Mann", sagte Gott. „Aber alle anderen Menschen sind schlecht."

Gott war traurig, daß er diese Menschen geschaffen hatte. Sie liebten ihn nicht. Sie taten nicht, was er wollte.

„Ich will diese Menschen von der Erde vertilgen", sagte Gott. „Aber Noah und seine Familie will ich am Leben lassen. Auch einige Tiere und Vögel sollen am Leben bleiben."

Gott sprach mit Noah. Er sagte Noah, was er tun wollte.

„Du sollst ein großes Schiff bauen", sagte Gott zu Noah. „Ich will es viele Tage lang regnen lassen. Alle bösen Menschen werden sterben. Aber du sollst in das Schiff gehen. Dann wird dir das Wasser nichts antun."

Noah baute das große Schiff so, wie Gott es ihm gesagt hatte.

Gott sagte Noah, wie er das Schiff bauen sollte. Er sagte ihm, wie groß es sein sollte.

Noah hörte auf Gott. Er liebte Gott. Er wollte Gott gehorchen. Also fing Noah an, das große Schiff zu bauen. Er machte es genauso, wie Gott gesagt hatte.

Noah und seine Familie brachten einige Tiere ins Schiff.

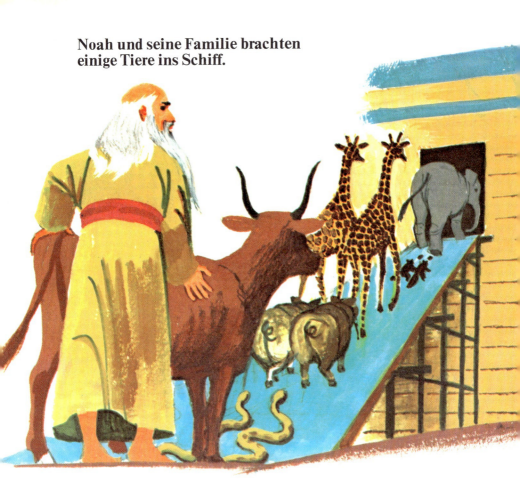

Viele Jahre lang arbeitete Noah an dem großen Schiff. Endlich war es geschafft.

„Nun müssen wir einige Tiere in das Schiff bringen", sagte Gott. „Dann kann das Wasser auch ihnen nichts anhaben."

Noah und seine Familie führten diesen Auftrag aus. Dann gingen sie selbst auch auf das große Schiff. Als sie darin waren, schloß Gott die große Tür zu.

Bald darauf ließ Gott den Regen auf das große Schiff fallen. Er ließ den Regen überall niederprasseln. Es regnete vierzig Tage lang. Dann waren alle bösen Menschen tot.

Aber Noah und seiner Familie tat das Wasser nichts zuleide. Es tat auch den Tieren nichts zuleide. Sie waren alle in dem Schiff, das Noah gebaut hatte.

„Ich bin froh, daß wir Gott gehorcht haben", flüsterte einer von Noahs Jungen.

„Wir müssen immer tun, was Gott uns sagt", antwortete Noah.

Was meinst du, warum diese Kinder so verschieden aussehen?

Fragen, über die du nachdenken solltest

1. Was wäre mit Noah geschehen, wenn er Gott nicht gehorcht hätte? Warum tat er das, was Gott von ihm verlangte?

2. Warum sollten wir Gott gehorchen? Was geschieht, wenn wir ihm nicht gehorchen? Gehorchst du ihm?

Was du tun kannst

Schau dir die Kinder auf dem Bild an. Welches meinst du, war gehorsam? Welches war nicht gehorsam? Warum sehen die Kinder so aus? Bist du glücklich, wenn du gehorchst? Bist du glücklich, wenn du nicht gehorchst?

Naeman gehorcht und wird gesund

„Warum siehst du so traurig aus?" fragte ein kleines Mädchen.

Die Frau lächelte dem kleinen Mädchen zu. Es war nicht ihr eigenes kleines Kind. Aber das kleine Mädchen wohnte bei ihr und Naeman.

„Naeman ist sehr krank", sagte die Frau. „Er ist aussätzig." Dann fing sie an zu weinen.

Leute, die aussätzig sind, sind sehr krank. Einige von ihnen müssen von zu Hause fortgehen. Sie müssen ihre Familie und ihre Freunde verlassen.

„Ich kenne jemanden, der ihm helfen kann", sagte das kleine Mädchen.

Das kleine Mädchen erzählte Naemans Frau von Elisa. Er war ein Mann, der große Dinge tat. Gott half ihm, sie zu vollbringen.

Das kleine Mädchen hatte früher in Elisas Land gelebt. Aber eines Tages hatten Soldaten es fortgeführt. Sie hatten es in Naemans Land gebracht. Naeman und seine Frau nahmen es bei sich auf.

„Elisa kann Naeman gesund machen", sagte das kleine Mädchen.

„Elisa kann Naeman heilen",
sagte das kleine Mädchen.

Die Frau erzählte Naeman alles. Naeman sprach mit seinem König. Und der König sandte Naeman zu Elisas König. Auch gab er ihm einen Brief an Elisas König mit.

„Bitte hilf Naeman, wieder gesund zu werden", stand in dem Brief.

„Das kann ich doch nicht!" rief der König.

„Schicke Naeman zu mir", sprach Elisa zu seinem König.

So sandte der König Naeman zu Elisa. Naeman fuhr schnell zu dem Haus, wo Elisa wohnte.

Aber Elisa kam nicht heraus, um Naeman zu begrüßen, sondern schickte seinen Diener hinaus.

„Elisa sagt, du sollst siebenmal im Fluß untertauchen", sagte der Mann.

Naeman war ärgerlich. Er wollte, daß Elisa herauskäme und ihn begrüßte. Schon wollte er wieder davonfahren.

„Du solltest tun, was Elisa sagt", meinten die Männer, die mit Naeman gekommen waren. „Gott hilft Elisa, große Dinge zu tun."

Naeman war so ärgerlich, daß er davonfahren wollte.

Wem solltest du gehorchen?

Naeman wußte, daß die Männer recht hatten, deshalb ging er zum Fluß. Er tauchte siebenmal im Wasser unter. Plötzlich war Naeman nicht mehr krank. Er hatte keinen Aussatz mehr.

„Schaut!" rief er. „Ich bin gesund!"

„Das kommt daher, weil du getan hast, was Elisa dir gesagt hat", riefen einige Männer. „Und Elisa tut, was Gott ihm sagt!"

Fragen, über die du nachdenken solltest

1. Warum wurde Naeman gesund? Was wäre geschehen, wenn er sich nicht im Fluß gewaschen hätte? Was, wenn er nicht gehorcht hätte?
2. Wem solltest du gehorchen? Warum?

Was du tun kannst

Was ist hier richtig?

„Du sollst das tun, was deine Freunde dir sagen."

„Du sollst deiner Mutter und deinem Vater gehorchen."

„Du sollst auf das hören, was man dir im Fernsehen sagt. Schließlich muß es doch stimmen, wenn es im Fernsehen kommt."

„Du sollst tun, was Gott möchte."

Jona lernt gehorchen

„Jona, ich möchte, daß du etwas für mich tust", sagte Gott.

Jona lauschte. Was würde Gott ihm sagen?

„Du mußt nach Ninive gehen", sagte Gott. „Du mußt den Leuten sagen, daß sie schlecht sind. Du mußt ihnen sagen, daß sie über ihre Sünde traurig sein müssen."

Jona fürchtete sich. Er wollte nicht nach Ninive gehen. Die Leute dort waren sehr schlecht.

Ich möchte nicht nach Ninive gehen, dachte Jona. Ich werde fortlaufen.

Jona wollte Gott davonlaufen.

Jona ging auf ein großes Schiff. Er ging von zu Hause weg. Er fuhr in die entgegengesetzte Richtung. Jona wollte nicht tun, was Gott gesagt hatte.

Jona stieg ins Schiff hinunter. Er wollte sich vor den anderen Leuten verstecken. Er wollte sich vor Gott verstecken. Dann schlief Jona ein.

Aber Gott sandte einen großen Sturm. Das Schiff tanzte auf den Wellen auf und nieder. Die Leute fürchteten sich. Aber Jona fürchtete sich nicht. Er schlief unten im Schiff.

Einer der Männer suchte Jona auf. Er wollte nicht, daß Jona schlief.

„Du solltest zu deinem Gott beten", sagte der Mann.

Die Männer warfen Jona ins Wasser.

Aber Jona konnte nicht mit Gott sprechen. Er war ja von Gott weggelaufen.

Dann berichtete Jona den anderen, was er getan hatte. Er sagte ihnen, daß er vor Gott davonliefe.

„Werft mich ins Wasser", sagte Jona. „Dann wird Gott dem Sturm ein Ende bereiten."

So warfen die Männer Jona ins Wasser. Als sie das taten, hörte der Sturm auf.

Dann sandte Gott einen großen Fisch. Dieser große

Fisch verschluckte Jona. Jona mußte drei Tage lang in dem großen Fisch bleiben.

Während er im Fisch war, sprach Jona mit Gott. Er sagte Gott, daß es ihm leid täte, was er getan hatte. Er bat Gott, ihn wieder aus dem Fisch herauszulassen. Jona versprach Gott auch, daß er nach Ninive gehen wollte.

Da befahl Gott dem Fisch, daß er ihn ans Land spucken sollte.

Jona eilte nach Ninive. Nun wollte er tun, was Gott gesagt hatte. Er wollte nie wieder vor Gott davonlaufen.

Hier sind einige Dinge, die Gott von dir möchte.

Fragen, über die du nachdenken solltest

1. Was verlangte Gott von Jona? Warum lief Jona weg? Wie brachte Gott Jona dazu, seinen Willen zu tun?

2. Was möchte Gott von dir? Hast du schon einmal versucht, dich davor zu drücken? Was würde Gott dazu sagen? Was solltest du tun?

Was du tun kannst

Hier stehen einige Worte. Sie zeigen dir einige Dinge, die Gott von dir möchte. Kannst du sie lesen? Du schaffst es, wenn du von hinten anfängst. Nun siehst du, was sie bedeuten. Das erste Wort heißt „beten". Kannst du die anderen lesen?

neteb – nesel lebiB – negnis – neheg tsneidsettoG muz

**Frohe
Lieder
für
Gott**

Gottes Volk singt frohe Lieder

„Wohin sollen wir gehen?" fragte das Volk. Wie sollen wir vor den Soldaten des Königs fliehen?"

Mose und sein Volk flüchteten. Sie verließen Ägypten. Gott hatte ihnen das gesagt.

Aber der König wollte sie nicht ziehen lassen. Das Volk Gottes hatte für ihn gearbeitet. Nun würde er niemand mehr für die Arbeit haben.

Deshalb sandte der König Soldaten hinter dem Volk Gottes her. Sie sollten das Volk nach Ägypten zurückholen.

Deshalb fürchtete sich das Volk. Hinter ihnen kamen die Soldaten, an der Seite waren die Berge und vor ihnen das Wasser.

„Wohin sollen wir gehen?" fragten sie Mose angstvoll.

Mose streckte seine Hand aus und hielt sie über

Das Volk ging an der Stelle durchs Meer, wo vorher das Wasser gewesen war.

das Wasser. Da sandte Gott einen kräftigen Wind, der über das Wasser blies. Das Wasser wich zur Seite.

„Beeilt euch!" rief Mose. „Geht hier durch, wo das Wasser gewesen ist!"

Das Volk beeilte sich. Sie gingen dort, wo vorher noch Wasser gewesen war.

Die Soldaten folgten dem Volk Gottes. Sie gingen

auch an der Stelle durchs Meer, wo das Wasser gewesen war. Sie trieben die Pferde an, die sie vor ihre Wagen gespannt hatten.

Aber Gott half seinem Volk. Er wehrte den Pferden und Wagen. Nun konnten die Soldaten nicht mehr schnell vorwärtskommen.

„Gott hilft seinem Volk", riefen die Soldaten. „Wir müssen umkehren!"

Gottes Volk fing an, fröhliche Lieder zu singen.

Aber die Soldaten konnten nicht umkehren. Gott ließ das Wasser zurückkommen. Das Wasser ging über die Pferde und Wagen und auch über die Soldaten.

Das Volk Gottes blieb unversehrt. Sie waren alle auf der anderen Seite.

**Bitte Vater und Mutter,
mit dir über ein Lied nachzudenken.
Dann singt es zusammen.**

Als das Volk Gottes sah, wie Gott ihnen geholfen hatte, fingen sie an zu singen. Sie sangen fröhliche Lieder von Gott.

„Gott wird immer unser König sein", sangen sie.

Das Volk Gottes würde nie mehr für den König von Ägypten arbeiten müssen. Von nun an würde Gott ihr König sein. Sie sangen ihm viele Loblieder.

Fragen, über die du nachdenken solltest

1. Was hat Gott für sein Volk getan? Sang das Volk ihm deshalb Loblieder?
2. Was tut Gott jeden Tag für dich? Denke einmal darüber nach. Solltest du ihm nicht auch Loblieder singen? Warum?

Was du tun kannst

Denke einmal darüber nach, was Gott in dieser Woche alles für dich tun wird. Oder denke an einige Dinge, die er letzte Woche für dich getan hat. Hat er viel für dich getan? Wird er noch viel mehr tun? Dann hast du auch Grund zum Singen. Bitte Vater oder Mutter, mit dir über ein Lied nachzudenken. Das Lied wird Gott zeigen, daß du glücklich bist. Dann singt das Lied zusammen. Das wird auch Gott Freude machen.

David sang seinen Schafen viele Lieder vor.

David singt vor seinen Schafen und vor seinem König

„Hört mal zu!" sagte David zu seinen Schafen. „Ich will euch ein neues Lied vorsingen."

Ein kleines Schaf schaute auf. Es beobachtete, wie David seine Harfe zur Hand nahm.

David begann zu spielen. Einige andere Schafe schauten auch auf. Sie hörten zu, während David spielte und sang. Dann fingen sie wieder an, Gras zu fressen.

David sang seinen Schafen viele Lieder vor. Während er sang, spielte er auf seiner Harfe. Diese Lieder nennt man Psalmen. Viele dieser Psalmen stehen in unserer Bibel. Wir lesen sie heute gern. Aber wir wissen nicht, wie David sie damals gesungen hat.

Als David größer wurde, spielte und sang er vor dem König. Es war Davids König. Er hieß Saul.

König Saul war kein glücklicher Mann. Er war unglücklich, weil er nicht tat, was Gott wollte.

Wenn König Saul traurig war, sang ihm David Lieder vor. Viele Lieder hatte David seinen Schafen vorgesungen. Es waren fröhliche Lieder. Wenn David sie sang, wurde König Saul wieder froh.

Hier ist ein Lied, das David sang. Kennst du es?

Der Herr ist mein Hirte. Er gibt mir alles, was ich brauche. Er gibt mir zu essen und zu trinken. Gott hilft mir, wenn ich krank bin. Er hilft mir, das zu tun, was ihm gefällt. Wenn ich sterben müßte, brauchte ich mich nicht zu fürchten. Gott ist bei mir. Er sorgt immer für mich. Gott zeigt anderen, wie er mir hilft, sogar denen, die ihn nicht lieben. Gott ist immer bei

**David sang König Saul
fröhliche Lieder vor.**

mir. Deshalb bin ich froh. Er ist gut und freundlich zu mir, solange ich lebe. Wenn ich sterbe, werde ich immer bei ihm in seinem himmlischen Reich sein.

Fragen, über die du nachdenken solltest

1. Warum meinst du, war David so glücklich? Warum machten seine Lieder andere glücklich?

2. Singst du gern Lieder von Gott? Machen sie dich glücklich? Meinst du, Gott freut sich, wenn er hört, daß du von ihm singst?

Lerne ein Lied auswendig, das du besonders gern singst.

Was du tun kannst

Denke dir ein Lied aus, das du besonders gern singst. Kannst du es auswendig singen? Jetzt ist eine gute Gelegenheit dazu, es zu lernen. Bitte jemanden, dir dabei zu helfen. Singe das Lied viele Male. Singe es, bis du es auswendig kannst. Dann wirst du froher sein, wenn du es im Gottesdienst mitsingen kannst. Auch Gott wird sich freuen, wenn er hört, daß du es singst.

Jesus singt mit seinen Freunden

„Nehmt von diesem Brot", sagte Jesus zu seinen Freunden.

Die Freunde Jesu nahmen von dem Brot. Dann schauten sie Jesus an. Was würde er nun sagen?

„Eßt das Brot", sagte Jesus. „Wenn ich nicht mehr bei euch bin, sollt ihr das wieder tun. Dabei werdet ihr an mich denken. Ihr werdet daran denken, wie ich für euch gestorben bin. Ihr werdet daran denken, wie die Menschen meinen Körper gequält haben."

Jesu Freunde aßen das Brot. Aber sie waren traurig. Sie wollten nicht, daß Jesus starb.

„Nehmt diesen Becher", sagte Jesus dann. „Trinkt daraus!"

Jesu Freunde nahmen den Becher und tranken daraus.

„Wenn ich nicht mehr bei euch bin, sollt ihr das auch wieder tun", sagte Jesus. „Dann werdet ihr daran denken, wie ich für euch starb."

Jesus und seine Freunde aßen zusammen.

Jesu Freunde dachten an die schöne Zeit, die sie mit Jesus verbracht hatten. Sie waren ihm überallhin gefolgt. Sie hatten erlebt, wie er kranke Menschen gesund gemacht hatte. Sie hatten ihn mit dem Vater sprechen hören.

Aber nun sagte Jesus, daß er sterben würde. Er sagte ihnen, daß er von ihnen fortginge. Darüber wurden Jesu Freunde sehr traurig.

Jesu Freunde sangen ein fröhliches Lied mit ihm zusammen.

Dann hörten die Freunde Jesu jemanden singen. Sie schauten auf. Es war Jesus. Er sang ein fröhliches Lied, das David geschrieben hatte.

Jesu Freunde begannen auch zu singen. Sie sangen mit Jesus. Als sie das fröhliche Lied gesungen hatten, waren sie nicht mehr so traurig.

Nachdem Jesus sie verlassen hatte, dachten seine Freunde oft an dieses letzte gemeinsame Essen. Sie dachten an das Brot und an den Becher.

Dieses Bild soll dir helfen, ein frohes Lied für Jesus zu lernen.

Fragen, über die du nachdenken solltest

1. Waren Jesu Freunde traurig oder fröhlich? Was machte sie fröhlich? Hättest du Jesus auch gern singen hören?

2. Singst du fröhliche Lieder von Gott? Glaubst du, daß sich andere auch über deine fröhlichen Lieder freuen? Meinst du, sie machten Gott fröhlich?

Was du tun kannst

Bitte Mutter oder Vater, dir zu helfen, folgendes Lied auswendig zu lernen:

„Wir singen von Jesus, sein ist Gewalt und Macht, er hat auf Golgatha das Heil der Welt vollbracht. Der große Gott ist er und aller Herren Herr. Wir singen von Jesus mehr und mehr."

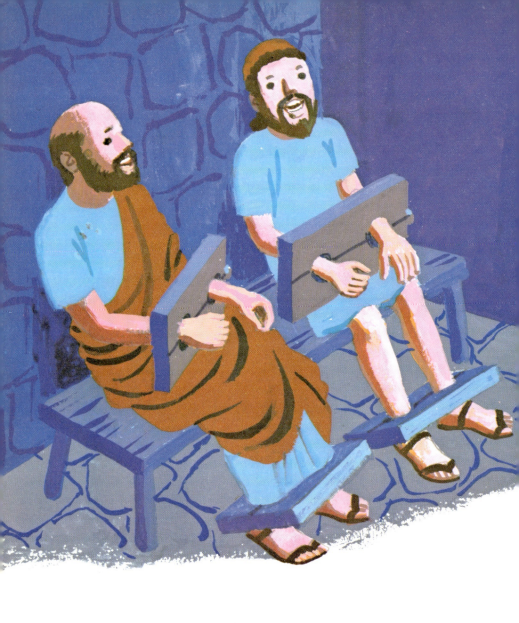

Paulus und Silas begannen, fröhliche Lieder zu singen.

Paulus singt frohe Lieder im Gefängnis

„Werft diese Männer ins Gefängnis", riefen einige Leute. „Sie tun böse Dinge in unserer Stadt!"

Paulus und Silas hatten nichts Schlimmes getan. Sie hatten für Gott gearbeitet. Aber diese Menschen wollten nicht, daß sie etwas für Gott taten. Es waren böse Menschen.

Die Stadträte hörten auf die Leute. Sie ließen Paulus und Silas gefangennehmen. Dann warfen sie Gottes Diener ins Gefängnis.

„Laß diese Männer nicht mehr heraus", sagten die Stadträte zu dem Gefängniswärter. Wenn du es tust, wirst du getötet."

Der Gefängniswärter fürchtete sich. Er wollte nicht getötet werden. So legte er Paulus und Silas in einen dunklen Raum. Er befestigte an ihren Händen und Füßen einige große Holzblöcke, damit sie sich nicht bewegen konnten.

Aber Gottes Diener konnten singen. In der Nacht begannen sie, frohe Lieder von Gott zu singen. Sie hatten für Gott gearbeitet. Sie wußten, daß Gott ihnen nun helfen würde.

Und Gott half ihnen. Plötzlich begannen die Mauern des Gefängnisses zu zittern. Die Tür des Gefängnisses sprang auf. Die Holzblöcke an ihren Händen und Füßen fielen ab.

Der Gefängniswärter fürchtete sich. Er sah die offene Tür. Er dachte, Paulus und Silas wären weggelaufen. Deshalb wollte er sich selbst töten.

„Tu dir nichts an!" rief Paulus. „Wir sind hier. Wir sind nicht weggelaufen!"

Der Wärter verlangte ein Licht. Er nahm das Licht mit ins Gefängnis.

Dort sah er Paulus und Silas. Er sah, daß sie hätten weglaufen können. Aber das hatten sie nicht getan.

Der Mann wußte, daß Gott Paulus und Silas geholfen hatte. Er wußte, daß diese Männer Gottes Diener waren.

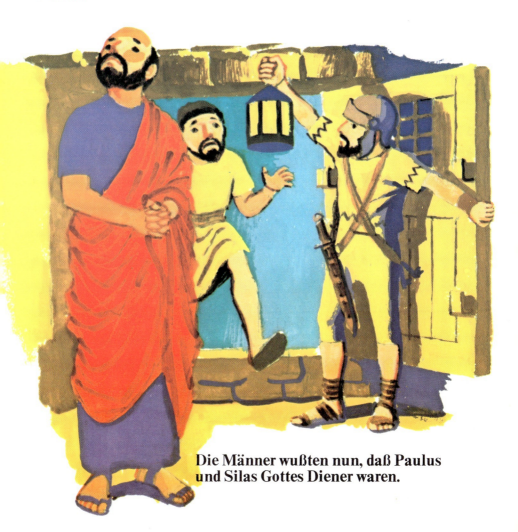

Die Männer wußten nun, daß Paulus und Silas Gottes Diener waren.

„Wie kann ich ein neues Leben von Gott bekommen?" fragte der Mann.

„Jesus will es dir geben", sagte Paulus. „Du mußt ihn darum bitten, in dein Herz zu kommen.

Der Mann bat Jesus, das zu tun. Und er tat es. Die anderen Leute dieses Hauses glaubten auch.

Alle waren sehr glücklich. Auch sie lernten, einige frohe Lieder über Gott zu singen.

Wann sollten wir singen?

Fragen, über die du nachdenken solltest

1. Würdest du im Gefängnis frohe Lieder singen? Paulus und Silas taten es. Warum konnten sie das tun?

2. Was machst du, wenn dir etwas schief geht? Sagst du Dinge, die du nicht sagen solltest? Bist du traurig? Oder singst du Gott frohe Lieder?

Was du tun kannst

Schau dir das Bild an! Wann sollten wir Gott frohe Lieder singen? Wann sollten wir Gott keine frohen Lieder singen? Dieses Bild zeigt dir, daß du jederzeit für Gott singen sollst: Wenn alles gut geht – Wenn du nicht fröhlich bist – Wenn nicht alles gut geht – Wenn Menschen dir helfen – Wenn du fröhlich bist – Wenn Menschen dich verletzen.

**Danken
lernen**

„Bitte mach uns gesund",
baten die Männer Jesus.

Jesus danken

„Jesus, hilf uns!" riefen einige Männer.

Jesus und seine Freunde schauten zu den Männern hin, die an der Straße saßen. Sie trugen keine schönen Kleider und sahen sehr traurig aus.

„Sie haben Aussatz!" sagten Jesu Freunde.

Menschen, die Aussatz haben, sind sehr, sehr krank. Einige von ihnen durften nicht zu Hause bleiben, sondern mußten allein leben. Und die anderen Leute gingen nicht in ihre Nähe.

Aber Jesus hielt sich von kranken Menschen nicht fern. Er wollte ihnen helfen.

„Bitte mach uns gesund", baten die Männer.

„Ihr werdet gesund werden", sagte Jesus. „Geht zu einem Priester. Zeigt ihm, daß ihr gesund seid."

Die Männer betrachteten ihre Hände und Füße.

Sie waren noch immer aussätzig. Aber sie glaubten daran, daß Jesus sie gesund machen würde.

Deshalb machten sich die Männer auf die Suche nach einem Priester. Er mußte ihnen bestätigen, daß sie geheilt waren. Dann durften sie wieder zu ihrer Familie zurückgehen.

Während sie in die Stadt gingen, wurden die Männer gesund. Sie waren so glücklich! Sie wußten, daß Jesus sie gesund gemacht hatte.

„Ich laufe nach Hause zu meiner Familie", rief ein Mann.

„Ich werde nach meinen Freunden sehen", sagte ein anderer.

Aber ein Mann sagte gar nichts. Er ging in die andere Richtung.

„Wo gehst du hin?" fragten ihn seine Freunde.

„Ich gehe zu Jesus zurück", sagte er.

Als der Mann zu Jesus kam, fiel er vor ihm nieder. „Danke, vielen Dank", sagte er. „Vielen Dank, daß du mich gesund gemacht hast!"

Willst du Jesus für diese Dinge danken?

Jesus sah den Mann an. Er freute sich, daß der Mann zu ihm zurückgekehrt war.

„Aber es waren doch zehn kranke Männer", sagte Jesus. „Wo sind die anderen?"

Der Mann war traurig, daß seine Freunde nicht auch zu Jesus umgekehrt waren. Aber er war glücklich, daß er selbst zu Jesus gekommen war. Nun würde auch er zu seiner Familie und seinen Freunden gehen. Er war viel glücklicher als die Männer, die Jesus nicht gedankt hatten.

Fragen, über die du nachdenken solltest

1. Was hat Jesus für die kranken Männer getan? Meinst du, sie freuten sich, daß sie wieder gesund waren? Was hat einer von ihnen getan? Was taten die anderen?

2. Warum sollten wir Jesus für seine Hilfe danken? Tust du es? Bist du glücklicher, wenn du es tust?

Was du tun kannst

Schreibe folgende Worte auf ein großes Stück Papier:

Danke, Herr Jesus, für:

Schreibe jeden Tag etwas darunter, wofür du Jesus danken kannst. Hier sind einige Dinge, die du aufschreiben kannst:

Vater und Mutter, Schwestern und Brüder,
meine Gemeinde, meine Bibel,
meine Freunde, mein Zuhause,
meine Spielsachen, Jesus.

Aus Dankbarkeit dienen

„Bitte hilf mir, daß ich wieder gehen kann", betete Äneas. „Du kannst es tun."

Äneas wußte, daß Gott ihm helfen konnte. Aber würde er es tun?

Äneas konnte nun schon acht Jahre lang nicht mehr laufen. Die ganze Zeit mußte er im Bett liegen. Er war traurig, wenn er nach draußen schaute. Er sah viele Leute herumgehen und laufen. Auch Äneas wollte herumspringen.

Äneas dachte an die Zeit, da er noch gehen konnte. Was waren das für glückliche Tage gewesen!

Die Leute kamen oft, um Äneas zu besuchen. Sie unterhielten sich gern mit ihm. Äneas liebte Gott. Er erzählte den Leuten gern von Gott. Äneas war immer fröhlich, obwohl er nicht laufen konnte.

Äneas freute sich, daß sein Freund Besuch mitgebracht hatte.

Eines Tages sah Äneas jemanden an seiner Tür stehen. Es war ein Freund. Dann sah Äneas noch jemandem bei seinem Freund stehen. Aber er kannte diese Person nicht.

„Komm herein!" rief Äneas. Er freute sich, daß sein Freund Besuch mitgebracht hatte.

„Dies ist Petrus", sagte der Freund. „Er arbeitet jetzt in unserer Stadt für Gott."

„Petrus!" sagte Äneas. „Der Mann, der mit Jesus ging! Ich freue mich, daß du mich besuchst."

„Ich freue mich auch", sagte Petrus. „Ich möchte, daß du aufstehst und gehst. Gott hat Arbeit für dich!"

Wie war Äneas froh, als er das hörte. Er stand auf. Dann begann er zu gehen.

„Ich kann gehen!" rief Äneas voll Freude. „Nun kann ich den Leuten überall von Jesus erzählen. Danke, vielen Dank!"

Wie dankst du Gott für seine Hilfe?

„Du solltest Gott danken", sagte Petrus. „Er hat dich gesund gemacht."

Da dankte Äneas Gott. Er dankte Gott viele Male.

Äneas ging an viele Orte. Er erzählte vielen Leuten von Jesus. Das war die beste Art, Gott für seine Hilfe zu danken.

Fragen, über die du nachdenken solltest

1. Wer heilte Äneas, Petrus oder Gott? Wie dankte Äneas Gott?

2. Wie dankst du Gott für seine Hilfe? Sagst du „Danke schön"? Dankst du ihm, indem du etwas für ihn tust?

Was du tun kannst

Welche von diesen Leuten danken Gott?

„Ich möchte nicht in die Kirche gehen."

„Ich will dir erzählen, was Jesus für mich getan hat."

„Ich möchte ihn nicht zum Gottesdienst einladen."

„Ich möchte jetzt die Bibel lesen."

Was diese Geschichten lehren wollen

Jede Geschichte in diesem Buch enthält eine wichtige biblische Wahrheit oder Lehre. Außerdem finden Sie in jeder Geschichte eine Nutzanwendung für den Alltag des Kindes.
Die folgende Aufstellung gibt einen Überblick über die einzelnen Kapitel. Im Alltagsleben eines Christen sollten die Wahrheiten des Wortes sichtbar werden. Wenn Sie die Aufstellung durchsehen, fällt Ihnen vielleicht ein, wie Sie ganz praktisch Ihrem Kind bei der Verwirklichung der biblischen Wahrheit helfen können.

Geschichte	Biblische Wahrheit	Anwendung im Alltag
Mose baut für Gott ein Haus.	Gott möchte, daß sein Haus aus unseren Gaben gebaut wird.	Wir sollten mit Freuden geben, damit Gottes Haus gebaut werden kann.
Ein König freut sich über das Haus Gottes.	Gottes Haus sollte ein Ort der Freude sein.	Wir sollten mit Freuden Gottes Haus bauen und pflegen und zum Gottesdienst gehen.
Jesus kommt zum Haus Gottes.	Jesus ging gern in Gottes Haus.	Wir sollten in Gottes Haus gehen und daran denken, daß wir immer in Gottes Gegenwart sind.
Noah gehorcht und baut ein Schiff.	Gott hilft uns, froh zu werden, wenn wir gehorchen.	Wir sollten fröhlich gehorchen; dann wird Gott uns helfen, fröhlich zu sein.
Naeman gehorcht und wird gesund.	Gott will, daß wir ihm und seinen Dienern gehorchen.	Wir sollen auf Gott und seine Diener hören.

Jona lernt zu gehorchen.	Gott läßt nicht zu, daß wir ihm davonlaufen.	Wir sollen nicht versuchen, von Gott wegzulaufen, wenn wir ihm gehorchen sollen.
Gottes Volk singt frohe Lieder.	Weil Gott uns gute Gaben gibt, haben wir Grund zu singen.	Wir sollten dem Herrn singen, um ihm unsere Dankbarkeit zu zeigen.
David singt vor seinen Schafen und vor seinem König.	Wenn wir Gott Lieder singen, werden wir froh.	Wir sollen dem Herrn singen, dann macht er uns froh.
Jesus singt mit seinen Freunden.	Jesus sang mit seinen Freunden.	Auch wir sollen mit unseren Freunden Gott im Lied preisen.
Paulus singt frohe Lieder im Gefängnis.	Es ist gut, Gott mit Liedern zu preisen, wenn es nicht nach unserem Willen geht.	Wir sollen dem Herrn an guten und bösen Tagen lobsingen.
Jesus danken.	Jesus hat uns viel Gutes gegeben. Deshalb haben wir Grund, ihm zu danken.	Wir sollen dem Herrn danken, wenn er uns hilft.
Aus Dankbarkeit dienen.	Helfen ist eine gute Art, dem Herrn zu danken.	Wir sollen Gott danken, indem wir das tun, was er von uns haben möchte.

Hier ist Platz für dich

Zum Malen von biblischen Geschichten
oder zum Aufschreiben von Bibelsprüchen

Hier ist Platz für dich

Hier ist Platz für dich

Hier ist Platz für dich